HISTOIRE JUNIORS
collection sous la direction
d'Alain Plessis
Maître-assistant à l'Université de Paris-VIII

HENRI IV

texte de Jean-Marie Le Guevellou
illustrations de Christian Gaty

Hachette
79 bd Saint-Germain 75006 Paris

l'enfant qu'il fallait

Le 12 décembre 1553, au château de Pau,
le roi de **Navarre**, Henri d'Albret,
marche de long en large dans sa chambre.
Il est très nerveux. Sa fille unique,
Jeanne, est sur le point
de mettre au monde un enfant.
« Pourvu que ce ne soit pas une fille ! »
pense-t-il. D'après la coutume, en effet,
seuls les hommes peuvent régner
en Navarre. Si le bébé qui va naître
n'est pas un garçon, Henri d'Albret,
qui est veuf, devra déshériter sa fille
et se remarier. Le roi de Navarre
est préoccupé. Il décide tout de même
d'aller dormir après avoir ordonné
qu'on l'éveille dès qu'il y aura
du nouveau. A une heure du matin,
un **page**, penché au-dessus de son lit,
murmure timidement : « Sire !... Sire !... »
Henri d'Albret se précipite
dans la chambre de sa fille.
« C'est un garçon ! » lui dit-on.
Pleurant de joie,
le roi prend son petit-fils puis,
selon la coutume de la région,
il lui frotte les lèvres avec une gousse d'ail
et lui fait respirer une coupe de vin.
L'héritier du trône de Navarre
allait être baptisé sous le nom d'Henri.
Qui se serait alors douté
qu'il règnerait un jour sur la France ?

Navarre
Très ancien royaume qui s'étendait sur le versant nord des Pyrénées et qui comprenait principalement le Béarn.

Page
Jeune noble placé au service d'un grand seigneur.

Les armes de Navarre

La joie du grand-père
Fou de joie en apprenant que sa fille a eu un garçon, Henri d'Albret lui tend un coffret d'or contenant le testament qui fait d'elle son héritière, et, se saisissant du bébé, il s'écrie : « Ceci est à moi. »

la France déchirée

Le jeune Henri de Navarre va être élevé dans le protestantisme. Cette religion nouvelle, qui se répand un peu partout en France, est très différente du catholicisme. Par exemple, elle vénère Dieu seul, n'admet que certains **sacrements,** refuse la **hiérarchie** des serviteurs de Dieu. Le protestantisme se fonde sur la seule **Bible** et rejette en partie les interprétations qu'en donne l'Église catholique. Les protestants croient en la **prédestination,** idée étrangère aux catholiques. Or, le roi de France est catholique, et tous ses sujets doivent avoir la même religion que lui. C'est pourquoi il punit de mort les protestants. Ces derniers, et en particulier les nobles, forment un puissant parti pour se défendre. La France est déchirée par une véritable guerre civile. Partout ont lieu de sanglants combats, de cruels massacres. A cette guerre entre Français s'en ajoute bientôt une autre avec les pays étrangers : les protestants appellent les Anglais à leurs secours et les catholiques font venir les Espagnols. C'est l'indépendance même de la France qui est alors menacée.

Sacrements
Actes religieux accomplis par les chrétiens afin de mieux recevoir le secours de Dieu. Il y en a sept pour les catholiques et seulement deux pour les protestants : le baptême et la communion.

Hiérarchie
Dans l'église catholique, le pape nomme les évêques qui consacrent les prêtres. Les protestants préfèrent élire leurs « pasteurs ».

Bible
Livre saint comprenant l'Ancien et le Nouveau Testament; ce dernier relate la vie et les paroles de Jésus-Christ.

Prédestination
Pour les protestants, idée que les bonnes actions de l'homme au cours de sa vie ne suffisent pas à son rachat par Dieu. Celui-ci, pensent-ils, a fixé à l'avance le destin de l'homme qui est donc prédestiné.

Le massacre des catholiques à Nîmes, en 1567
Dans la nuit du 1er octobre, les protestants massacrent les catholiques de cette ville et les précipitent au fond des puits. C'est le signal d'un soulèvement général des protestants du Languedoc.

se marier et mourir?

Ces guerres de religion ne sont pas permanentes. Elles cessent parfois, faisant place à des trêves, c'est-à-dire à des paix momentanées. Au cours d'une de ces trêves entre catholiques et protestants, en août 1572, le jeune Henri de Navarre se rend à Paris. Lui qui a été élevé dans le protestantisme, il va épouser une princesse catholique, Marguerite de Valois, la sœur du roi de France, **Charles IX.** Ce mariage doit marquer la réconciliation entre les deux camps. Au même moment, un des grands chefs protestants, Coligny, entré au Conseil du roi, encourage ce dernier à reprendre la guerre contre les Espagnols. Ce projet inquiète **les Guise** et la reine mère, **Catherine de Médicis.** Une idée effroyable leur vient alors à l'esprit : tous les chefs protestants de France étant réunis à Paris pour le mariage du jeune Henri de Navarre, pourquoi Charles IX n'ordonnerait-il pas leur mise à mort? Le faible Charles IX se laisse convaincre. Ainsi, le 24 août, jour de la Saint-Barthélemy, sur l'ordre du roi, trois mille protestants sont massacrés à Paris. Parmi les victimes, se trouvent Coligny et de nombreux amis d'Henri de Navarre. La guerre, à nouveau, partout, reprend.

Charles IX
Né en 1550, roi de France à dix ans en 1560, il mourut en 1574. Pendant son règne, le pouvoir fut exercé par sa mère, Catherine de Médicis.

Les Guise
Puissante famille de chefs catholiques dont le plus célèbre fut Henri Ier, dit le Balafré.

Catherine de Médicis
Femme d'Henri II et mère de trois rois de France : François II, Charles IX et Henri III.

Catherine de Médicis

Massacre de la Saint-Barthélemy à Paris, en 1572
Les fêtes du mariage d'Henri de Navarre avec la sœur du roi se poursuivent. Mais Charles IX donne l'ordre de massacrer, dans sa capitale, les prostestants le 24 août, jour de la Saint-Barthélemy.

la guerre des trois Henri

Henri de Navarre devient le chef des protestants face à la **Ligue** qui groupe les catholiques sous l'autorité d'Henri de Guise. A la mort du roi Charles IX, en 1574, l'héritage royal est en jeu. En effet, le nouveau roi de France, Henri III, n'a pas de fils et, en principe, c'est Henri de Navarre, descendant de saint Louis par son père, qui doit lui succéder. Mais la plupart des Français refusent d'avoir un roi protestant. D'autre part, Henri de Guise, personnage ambitieux, complote contre le roi. Henri III le convoque à Blois et le fait assassiner par ses gardes. A la suite de cette exécution, Paris se révolte et nomme un autre roi de France : le cardinal de Bourbon. Cependant, les provinciaux se rallient de plus en plus nombreux à la Ligue catholique. Devant le danger grandissant qui menace l'unité de la France, Henri III se réconcilie avec Henri de Navarre. Tous deux assiègent la capitale révoltée. C'est alors qu'un moine **fanatique,** Jacques Clément, tente d'assassiner et blesse grièvement le roi de France à Saint-Cloud. Henri III, avant de mourir, a la sagesse de reconnaître Henri de Navarre comme son héritier.

Ligue
Union formée entre plusieurs personnes ou plusieurs puissances.

Fanatique
Passionné de façon aveugle, déraisonnable, par une religion, une idée...

Un moine

Henri III désigne Henri de Navarre pour son successeur
Henri III, mourant, tient dans sa main celle d'Henri de Navarre, agenouillé près de lui; il désigne par ce geste aux dignitaires de la cour l'héritier légitime de la couronne de France.

un roi à la conquête de son royaume

Henri IV remporte en 1589 un premier succès contre la Ligue à Arques, en Normandie. Au soir même de cette victoire, il déclare devant les prisonniers catholiques :
« Nous croyons tous en un même Dieu...
Ne vous scandalisez point de moi,
je ne me scandalise point de vous. »
Cette tolérance est très rare à l'époque. Henri IV remporte une autre victoire importante sur les catholiques en 1590, à Ivry, près de Chartres, et assiège Paris. Mais une armée espagnole l'oblige à se retirer. Henri IV, qui sera blessé par un coup d'arquebuse, se montre un combattant courageux et même téméraire : il ne prête aucune attention aux balles qui sifflent à ses oreilles. Mais Paris demeure imprenable et le roi d'Espagne **Philippe II** veut donner le royaume de France à sa fille. La situation est très grave, mais Henri IV agit alors avec beaucoup de **diplomatie.** Il se rend compte qu'il va lui falloir devenir catholique pour gagner son royaume et en sauver l'indépendance.

Philippe II
Roi d'Espagne (1527-1598), champion du catholicisme en Europe. Il lutta de toutes ses forces contre Henri IV.

Diplomatie
C'est la science des relations internationales et l'art de négocier avec tact et habileté.

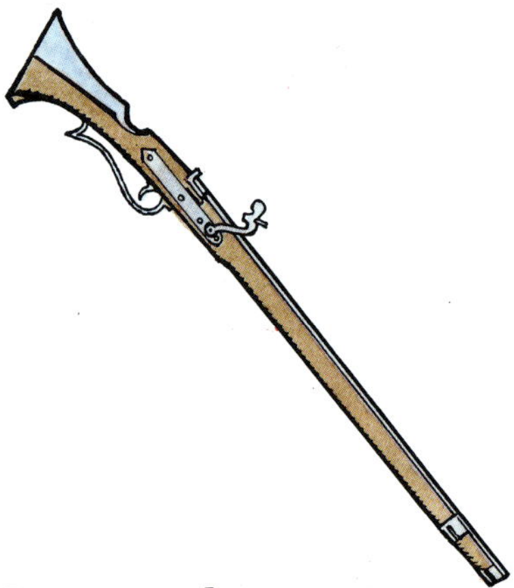

Une arquebuse

« Ralliez-vous à mon panache blanc ! »
A Ivry, Henri IV dit à ses soldats, avant de se lancer dans la bataille : « Ralliez-vous à mon panache blanc, vous le trouverez sur le chemin de la victoire et de l'honneur. » Le panache blanc était alors l'insigne du commandement.

Paris vaut bien une messe

En avril 1593, Henri IV fait donc part de son désir de négocier à des envoyés de Paris. Une trêve est conclue. L'archevêque de Bourges affirme la **légitimité** du pouvoir d'Henri IV. L'archevêque de Lyon, quant à lui, soutient que le roi de France doit être catholique. Henri IV met une fin à ce débat en annonçant sa conversion à la religion catholique. Ses amis protestants sont déçus et choqués. Ils veulent qu'Henri IV demeure fidèle à sa religion. Ce dernier leur explique son choix : « Si je suivais votre avis, il n'y aurait ni roi ni royaume dans peu de temps. » Henri IV se convertit à l'abbaye de Saint-Denis où se trouvent les tombeaux des rois de France. Traditionnellement, ceux-ci se font **sacrer** dans la cathédrale de Reims. Mais la ville étant encore aux mains de la Ligue, Henri IV décide que la cérémonie se déroulera dans la cathédrale de Chartres. Enfin, le 22 mars 1594, le roi de France, désormais protégé par Dieu, fait son entrée dans Paris. Son premier geste est de prononcer une **amnistie** générale. La joie d'Henri IV est grande. Mais il sait que bien des problèmes restent à résoudre.

Légitimité
Ce qui est légitime, c'est-à-dire reconnu par la loi (ici, la loi de succession).

Sacrer
Donner un caractère de chef religieux au roi de France. L'Église sacre les rois.

Amnistie
Suppression d'une punition et du fait qui en est la cause (contrairement à la grâce, autre pouvoir du roi, qui ne supprime que la punition).

Les armes de Paris

Henri IV renonce au protestantisme
Dans l'abbaye de Saint-Denis, devant les plus hauts dignitaires de l'église catholique française, Henri IV abjure le protestantisme et se convertit solennellement au catholicisme.

La France pacifiée

Lorsque le roi prend possession de Paris, les Espagnols sont toujours en France. Henri IV reprend la Bourgogne, la Picardie et écrase les Espagnols près de Dijon en 1595. Signé le 2 mai 1598, le traité de Vervins rétablit la paix : la France est libérée de ses adversaires. Une tâche difficile attend encore le roi : réconcilier les catholiques et les protestants. **L'édit** de Nantes, rendu par Henri IV le 13 avril 1598, répond à ce souci : les protestants peuvent exercer leur culte dans deux villes par **bailliage** ainsi que dans leurs châteaux; ils ont accès à tous les emplois; ils sont jugés par des tribunaux où siègent autant de catholiques que de protestants; Henri IV les autorise à se réunir en assemblées et à tenir garnison dans une centaine de places fortes. Cela permet aux protestants de mobiliser éventuellement 25 000 hommes alors que l'armée royale n'en compte que 10 000. Cet édit va progressivement cicatriser les blessures morales du royaume. Mais, à la suite des guerres de Religion, la France souffre aussi de terribles blessures matérielles.

Édit
C'est une loi qui fait connaître une grande décision du roi à tous ses sujets.

Bailliage
La France était alors divisée en bailliages, quatre fois plus nombreux que les départements actuels. Chacune de ces divisions était administrée par un juge royal appelé « bailli ».

Les Espagnols quittent Paris
Les troupes espagnoles avaient profité des guerres de Religion pour envahir la France et s'installer dans de nombreuses villes. Le 22 mars 1594, elles doivent quitter Paris en saluant avec déférence Henri IV, leur vainqueur.

la France au temps

A peine achevée, l'unité du royaume est mise en grand danger. Alors qu'Henri de Navarre est encore un enfant, catholiques et protestants commencent à s'entretuer par toute la France, et leur lutte se poursuit pendant plus de trente-cinq ans.

des guerres de religion

Le duc François de Guise s'était illustré dans les guerres contre les Espagnols et les Anglais avant de devenir le chef des catholiques. Alors qu'il venait assiéger la ville d'Orléans tenue par les protestants, il est tué d'un coup de pistolet le 24 février 1563, par un protestant, le gentilhomme Poltrot de Méré.

Des bandes de catholiques et de protestants parcourent le pays, et se livrent à des pillages, à des incendies, à des tortures et à d'atroces massacres.

En 1591, les catholiques fanatiques font pendre le conseiller Brisson et tous ceux qu'ils soupçonnent d'être favorable au nouveau roi.

Le royaume à bout de forces

Après quarante années de guerres de Religion, le royaume de France est à bout de forces. Les destructions ont été effroyables : maisons incendiées, ponts détruits, routes défoncées.
De nombreuses familles nobles et bourgeoises vendent leurs biens pour survivre. Les paysans sont les plus malheureux, car ce sont eux qui supportent la plus grande part des impôts. Parmi eux, les **brassiers,** qui ont une misérable chaumière pour toute richesse, se louent à la journée.
Leurs femmes et leurs enfants mendient ou volent pour survivre.
Le sort du peuple des villes n'est guère meilleur, car les salaires ne suivent pas la hausse continuelle des prix.
La France est victime du chômage et de la misère.
Pour entreprendre la restauration du royaume, Henri IV va choisir comme conseiller financier l'un de ses anciens compagnons d'armes, un homme capable et honnête : Sully.

Brassiers
On appelait ainsi les paysans pauvres qui ne possédaient pas de terre et qui travaillaient comme salariés sur les terres des autres.

Une charrue attelée

Les travaux des champs sous Henri IV
La paix rétablie, les paysans purent enfin récolter les fruits de leur travail et bénéficier de la protection du pouvoir royal.

la poule au pot

Nommé ministre en 1600
Sully prend une série de mesures destinées à améliorer le sort des Français.
Il réduit les **impôts directs** dont les plus riches, les nobles, étaient dispensés. En revanche, il augmente les **impôts indirects** de façon à faire des économies. En outre, Henri IV accepte que les **offices** deviennent héréditaires moyennant un droit annuel égal au soixantième de leur valeur.
Sully est convaincu que « pâturage et labourage » sont les deux mamelles de la France, les vraies richesses du royaume.
Aussi fait-il replanter les vignes qui avaient été détruites et encourage-t-il les cultures nouvelles, comme celle du mûrier.
Des feuilles de cet arbre se nourrissent les chenilles dont les cocons servent à fabriquer la soie.
Henri IV et Sully encouragent les industries de luxe comme les draps brodés d'or, les verres, les tapisseries.
Le roi souhaite que chaque Français puisse manger de la poule au pot le dimanche.
Ce réveil de l'économie améliore un peu le sort du pays et entraîne une reprise du commerce.

Impôts directs
Ces impôts frappent les personnes. Le principal était la « taille », payée par les seuls paysans et bourgeois.

Impôts indirects
Ils portent sur les marchandises. La « gabelle », par exemple, était un impôt très impopulaire sur le sel.

Offices
Le droit d'exercer des fonctions publiques était vendu par le roi à certains personnages de son choix. Les juges, par exemple, étaient ainsi des « officiers », pratiquement propriétaires de leur charge, ou « office ».

Le paiement des impôts
Cette paysanne paie à un receveur ses impôts en belles pièces d'or. Ce sont les paysans qui paient alors le plus d'impôts, tandis que les nobles et le clergé ne versent presque rien à l'État.

CRAINS
DIEU
HONORE
LE ROY
AYME

la France sur les mers

S'inspirant des idées
de Barthélemy de Laffemas, nommé en 1600
contrôleur général du Commerce,
Henri IV souhaite que la France
exporte davantage de marchandises
afin d'attirer les monnaies étrangères.
De riches bourgeois veulent
associer leurs richesses pour acheter
des bateaux et payer des équipages :
Henri IV les encourage et leur donne
le **monopole** du commerce en Asie.
Le Charentais Samuel de Champlain
explore le Canada en 1603
et obtient l'accord du roi
pour y installer une colonie :
il fonde la ville de Québec en 1608.
C'est depuis cette époque que
beaucoup de Canadiens parlent français.
Un fructueux commerce de peaux
et de fourrures s'établit avec le Canada,
et les marins français
commencent à pêcher
au large des côtes de **Terre-Neuve.**
Sully est cependant un peu déçu,
car les recherches d'or,
notamment en **Acadie,**
ne donnent aucun résultat.
Si Henri IV relève l'économie
de la France et fortifie ainsi
son autorité sur elle,
il ne réussit cependant pas
à contenter tous les Français.

Monopole
Privilège unique. Ceux qui avaient le monopole du commerce en Asie étaient les seuls à avoir le droit d'acheter et de vendre là-bas.

Terre-Neuve
Grande île d'Amérique du Nord.

Acadie
Ancienne province du Canada.

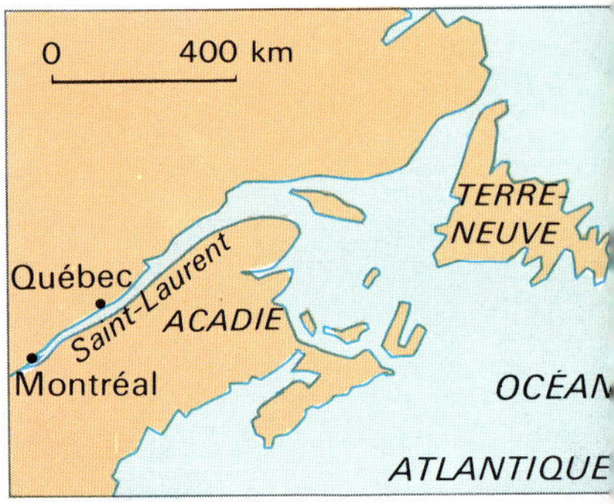

Des marchandises venues de très loin
Henri IV et son ministre Sully examinent avec soin des peaux rapportées du Canada et d'autres marchandises venues d'outre-mer.

les complots

Les nobles, par exemple,
estiment souvent qu'Henri IV les défavorise.
Un climat dangereux s'établit,
fait d'intrigues et de complots.
D'abord, un très haut personnage,
le duc de Biron, **maréchal** de France et
gouverneur de Bourgogne,
encourage les Bourguignons à se révolter
contre le roi de France. Il va même
jusqu'à s'entendre avec le roi d'Espagne.
Arrêté, le duc de Biron, qui avait déjà
comploté contre le roi est alors exécuté.
Ensuite, les comtes d'Entragues
forment le projet d'assassiner le roi.
Découverts, ils sont condamnés à mort.
Puis, un vieux compagnon du roi,
le duc de Bouillon, tente de soulever
les princes protestants d'Allemagne
contre Henri IV. Ce dernier
s'empare de la ville de Sedan
qui était alors allemande et fait preuve
de clémence en graciant le duc.
Mais il fait preuve de fermeté en faisant
exécuter six de ses complices.
Enfin, un soir de décembre 1605,
un fanatique tente de poignarder
Henri IV alors qu'il passe,
en carrosse, sur le pont Neuf à Paris.
Cet attentat est comme un dernier
avertissement pour Henri IV.
Le roi cherche, au milieu de sa famille,
à oublier les sombres réalités
de la politique.

Maréchal
Chef des armées.

Gouverneur
Chef militaire d'une province.

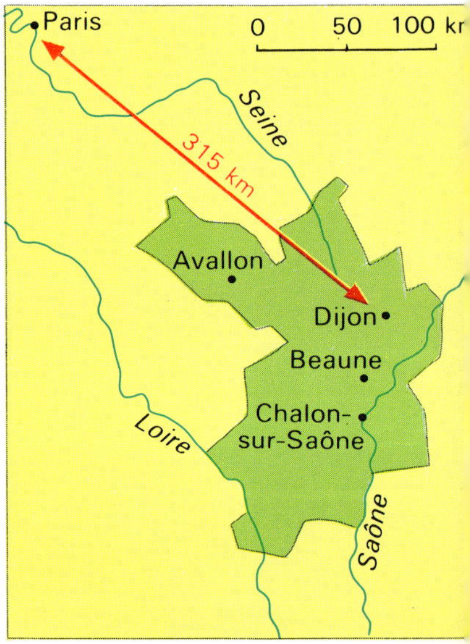

La Bourgogne

L'exécution du duc de Biron en 1602
Le duc de Biron, un ancien compagnon d'Henri IV, se jugeait mal récompensé de ses services. Il complota avec les Espagnols. Après lui avoir pardonné une première fois, le roi le fit décapiter en sa présence.

le roi en famille

Henri IV ne passe, en fait,
que peu de temps avec ses ministres.
Il préfère de beaucoup se distraire
à la chasse, aux jeux de dés ou de cartes,
organiser des bals masqués.
Il a toujours très grand plaisir
à fréquenter les jolies dames de la cour.
Chacun s'accorde à souligner
sa gaieté, sa bonhomie, son entrain.
Sa plus grande joie,
Henri IV la trouve lorsqu'il est
en compagnie de ses cinq jeunes enfants,
que lui a donnés sa seconde
femme **Marie de Médicis.** Il aime
se promener avec eux dans ses jardins,
les regarder jeter du pain
aux carpes ou aux oiseaux.
A l'**ambassadeur** d'Espagne
qu'il reçoit, alors que le **dauphin**
est grimpé sur son dos,
il demande s'il a des enfants.
Et comme l'ambassadeur répond oui,
Henri IV lui déclare en souriant :
« En ce cas, je peux continuer ! »
Dès que le roi se sépare de ses enfants,
il retrouve les soucis
du gouvernement de la France. En 1609,
Henri IV songe même à une autre guerre...

Marie de Médicis
Après avoir fait annuler par le pape son premier mariage, Henri IV épouse, en 1600, une princesse italienne, Marie de Médicis. Après la mort du roi, elle deviendra régente de France.

Ambassadeur
Représentant d'un chef d'État à l'étranger.

Dauphin
Héritier du trône, c'est l'aîné des fils du roi.

La réception d'un ambassadeur d'Espagne
L'ambassadeur d'Espagne surprit un jour le roi Henri IV à quatre pattes, son fils aîné, le futur Louis XIII, grimpé sur son dos, devant la reine Marie de Médicis.

au temps d'Henri IV

Le gouvernement d'Henri IV encouragea la culture du mûrier et l'élevage du ver à soie dans le Languedoc et la vallée du Rhône. A Lyon et à Tours des manufactures sont créées pour extraire les fils de soie des cocons et en faire des étoffes de grand luxe.

Pour embellir Paris, sa capitale, Henri IV y fit construire à partir de 1605 l'admirable place Royale, qu'on appelle aujourd'hui la place des Vosges. Sur la façade des somptueux hôtels qui l'entourent, la pierre alterne avec la brique et les arcades du rez-de-chaussée abritent des boutiques qui attirent les promeneurs.

Et pour réunir les deux châteaux
royaux du Louvre et des Tuileries
le roi décida d'édifier
le long de la Seine
la « Galerie du bord de l'eau ».

Henri IV a aussi créé en 1603,
à la Flèche, dans la Sarthe,
un collège célèbre,
dont il confia la direction
aux jésuites.

Pour développer les voies
de communication, Sully fit creuser
le canal de Briare, qui permet
aux bateaux d'aller de la Seine
à la Loire par la vallée du Loing.

ils me tueront

En 1609, en effet, une affaire
de succession divise les puissances
européennes. Henri IV envisage alors
de s'allier aux protestants d'Allemagne
et d'attaquer l'empereur,
cousin du roi d'Espagne
et défenseur du catholicisme.
Puis, l'année 1610 commence mal :
la Loire déborde comme lors des hivers
qui ont précédé la mort d'Henri II
et celle d'Henri III. Les **prophéties**
touchant la mort du roi et les appels
au **tyrannicide** se multiplient.
« Ils me tueront ! »,
confie un jour Henri IV à Sully.
Le vendredi 14 mai 1610,
après bien des hésitations,
le roi se décide à aller voir Sully.
Alors que son carrosse traverse
la rue de la Ferronnerie, à Paris,
Ravaillac, un fanatique,
se précipite et poignarde Henri IV.
Ravaillac, sans doute très influencé
par certains grands personnages,
croyait sauver, par son geste,
la religion catholique.
La mort du roi secoue la France entière.
Henri IV, peu populaire de son vivant,
le devient après sa disparition.
Chacun reconnaît qu'il a sauvé le royaume,
qu'il lui a redonné la puissance
et qu'il s'est montré
un souverain très humain.

Prophéties
Prédictions d'un événement futur. On leur attachait beaucoup d'importance autrefois.

Tyrannicide
Assassinat d'un « tyran », c'est-à-dire d'un roi absolu et mauvais.

Des poignards

L'assassinat d'Henri IV
Alors qu'il se rendait chez Sully, le roi vit son carrosse arrêté par un embarras de voitures dans une rue étroite du vieux Paris. C'est alors qu'un catholique exalté, Ravaillac, se précipita sur le roi pour le poignarder.